Nicole von Boletzky

Nicole von Boletzky

Master florist

Interview: Maja Spaltenstein

Photography / Fotografie: Bart Van Leuven

STICHTING KUNSTBOEK

Contents
Inhoud

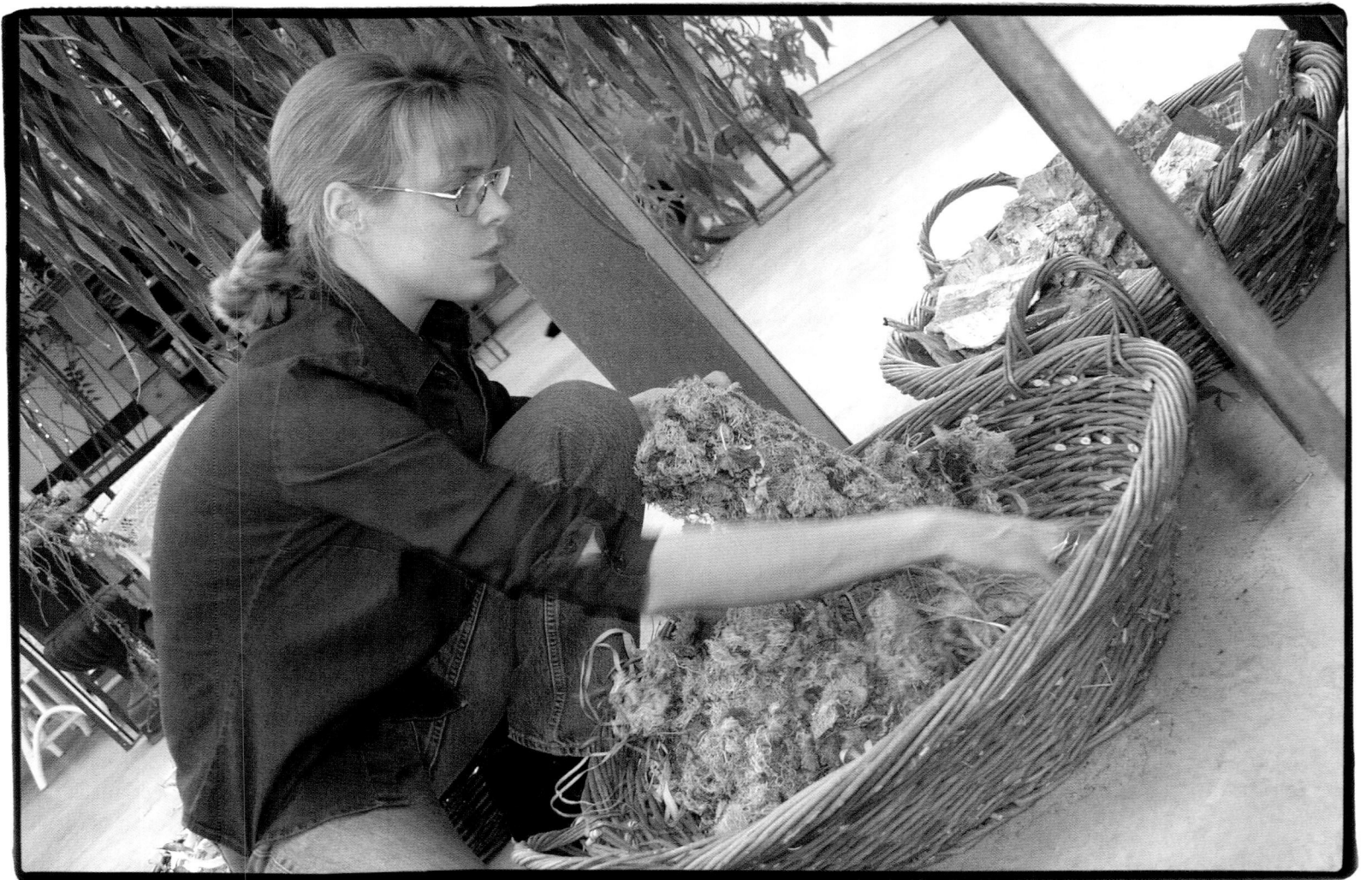

Nicole von Boletzky: "But the times demand accounts and explanations"

You can now look back upon twenty years of work as a professional florist. What were the formative developments of this period?

I am thankful that I was active in just these twenty years, for at no other point in history has the florist's profession undergone such profound changes. I experienced radical transformations in floral design and was, in a manner of speaking, able to help shape the contours of our profession as it exists today. I still belong to the generation that was trained along traditional lines and which began to stand on its own feet at a time when the very profession of the florist was being redefined. That was exciting, and my understanding of the historical development of floristry and design and also of the development of particular formal styles certainly was born from these experiences.

Could you give an example to illustrate this?

I can only do that to a point, because I am speaking about a vast number of new aspects that have been added to traditional compositional forms. There was actually a huge surge in creative possibilities. The greatest achievement to my mind is the realization that those elements which have passed the test of time can be retained without excluding innovations. In short, the spectrum of what is possible in floral design has grown enormously. In that sense we have gained a tremendous amount of "intellectual capital" in the past two decades.

So floristry has been fundamentally improved?

Yes and no. Of course it stands to reason that our discipline has a lot to make up for after such a long period of stagnation. Not until the eighties did we florists really understand that our work is very much subject to the currents of the zeitgeist and that we should respond to this influence.
But the urgent necessity to catch up with the times initiated an enormous development. New trends followed ever faster one upon the other, they practically chased one another. But this also led to a more superficial understanding. For this reason I cannot answer your question with a simple yes or no. We have come a long way, that is true, but in many instances it is questionable whether we can speak of a truly qualitative change.

Nicole von Boletzky: "Het is de tijd die om verklaringen en redenen vraagt"

U bent 20 jaar actief bezig in de bloemsierkunst. Welke ontwikkelingen zijn u in die periode het meest opgevallen?

Nog nooit is er in het beroep van bloembinder zoveel veranderd als tijdens de voorbije 20 jaar. Ik ben dan ook erg gelukkig dat ik net die periode van heel nabij hebben mogen meemaken. Ik heb de grote revolutie in de floristieke vormgeving gekend en de eer gehad het beroep mee te kunnen ontwikkelen tot wat het nu is. Ik behoor nog tot die generatie die naar goede oude gewoonte alles heeft kunnen leren en volwassen is geworden in de periode dat de bloemsierkunst vorm heeft gekregen. Dat was heerlijk om mee te maken en mijn gevoel voor wat er allemaal gebeurd is, vindt ook zijn oorsprong in die ervaring.

Kunt u hiervan een voorbeeld geven?

Ja, maar het is maar een los voorbeeld omdat ik het eigenlijk steeds over tal van nieuwe facetten heb die voortbouwen op wat er al is. De mogelijkheden om iets vorm te geven zijn haast exponentieel gestegen. Wat ik als de grootste verdienste van deze evolutie beschouw, is het inzicht dat wat je wil bewaren ook bewaard kan worden, ook al komt daar heel wat nieuws bij. Het vormelijke potentieel van de bloemsierkunst heeft zich in de breedte uitgebreid. De voorbije 2 decennia hebben we er alvast heel wat 'geestelijk kapitaal' bijgekregen.

De bloemsierkunst is er dus fundamenteel beter op geworden?

Ja en neen. Het ligt ergens ook voor de hand dat er op korte tijd veel kan gebeuren, vooral als er daarvoor lang niets was. Pas in de jaren '80 hebben wij als bloemsierkunstenaars duidelijk begrepen dat wat we doen bepaald is door de geest van de tijd. Het is zaak om een antwoord te formuleren op de vragen die de tijd ons stelt.
Het is inderdaad waar dat die inhaalbeweging nodig was en ook zeer snel ging. In hun wedloop naar de meeste ideale expressie hebben nieuwe trends elkaar op korte tijd afgelost. Dat heeft uiteindelijk geleid tot een soort oppervlakkigheid. Daarom kan ik op je vraag ook geen 'ja' of 'neen' antwoorden. Wij zijn erop vooruitgegaan, erg veel zelfs, maar het is maar de vraag in hoeverre we van een evolutie in kwaliteit kunnen spreken.

Hoe gaat Nicole von Boletzky hiermee om?

Ik sta vooral open voor bloemsierkunstenaars die, hoewel ze erg graag vooruit willen, zich toch even inhouden en bewust kiezen om bezig te zijn met de inhoud van hun vormelijkheid. Mijn huidige opdracht bestaat erin de formele verbanden duidelijk te maken aan collega's en ervoor te zorgen dat hun creaties iets uitdragen. Zonder daarbij te vergeten dat ook dit beroep onderhevig is aan de bikkelharde wetten van de economie.

Is dit dan de reden waarom u zich de laatste tijd vooral inlaat met lesgeven? Ondanks de grote belangstelling die u geniet, bent u slechts zelden aanwezig geweest op belangrijke internationale afspraken.

How does Nicole von Boletzky handle this situation?

I make myself available primarily to those florists who, while being the most progressive, try to slow down, those who wish to grapple intensely with the contents of a formal composition. Today my job is to show these colleagues the formal interconnections at work in order to make it possible for them to become independent designers, but designers who are also capable of dealing with the economic realities of their chosen profession.

Is that one of the reasons that you have of late dedicated yourself more to teaching, making fewer public appearances despite your great success on the international stage?

If an expert demonstration is well organized, you can certainly impart a lot, especially in terms of motivation. If we are honest, however, we must admit that at all large public events, movement tends to remain on the surface.
But the times demand accounts and explanations. At this point I simply find it more fulfilling to elucidate the interrelations of floral design and composition in detail, and that simply isn't possible in front an audience of two thousand. In order to develop, our profession now needs less show and more concrete and deep thinking. In the context of a teaching situation I can work to achieve things that are impossible before a large audience.

Bij een (goed opgevatte) beroepsdemonstratie kan veel worden doorgegeven, vooral dan naar motivatie toe. Bij manifestaties met een hoog showgehalte bevindt men zich evenwel – we moeten daar eerlijk in zijn – eerder aan de oppervlakte. Het is de tijd die om verklaringen en redenen vraagt. Ik heb nu gewoonweg meer plezier in het gedetailleerd uitleggen van dat complexe kluwen van weefsels dat de bloemsierkunst kenmerkt. En dat kan nu eenmaal niet voor de ogen van 2000 toeschouwers. Onze branche heeft maar weinig behoefte aan show. Om succesvol te zijn is concreetheid en diepgang van groter nut. Binnen de schoolmuren kan ik zoiets uitwerken, op een podium voor een groot publiek lukt dat niet.

Welke raad wil u uw leerlingen meegeven?

Ik probeer al denkend kunstenaars te vormen die op hun beurt in staat zijn hun denken in het vormgevingsproces aan te passen, zodat ze over een eigen manier van uitdrukken beschikken. Dit betekent niet dat ze aan creativiteit moeten inboeten. Om tot een erg geslaagd eindresultaat te komen zijn andere zaken van tel, bv. een evaluatie van de eigen doelstellingen nog voor men aan de slag gaat.
Ik noem dit vaak 'stemmingsloze vormgeving', en dat maakt uiteindelijk het verschil tussen de echte professionals en zij die het wat graag willen zijn.

What message do you want to impart to your students?

I would like to educate thoughtful designers who are capable of integrating their intellect into the process of creation, which would give them true control over their own expressive gifts. This should not be confused with a restriction of their creativity. To really take measure of your intensions before executing a project, and by doing so to check their potential, leads in the end to a very high success rate in the finished product.

I like to call this "mood- and weather-independent design", and that is what, in the final analysis, separates the real professionals from those who are merely of good will.

You have made a very good name for yourself internationally by organizing and directing professional schools for florists. Waiting lists and extraordinary master exhibits bear witness to this. What is the reason for your great success?

Probably simply the fact that I am honestly enthusiastic about teaching what I know to others. In addition I have found a personal manner for transporting professional know-how and knowledge of design which seems to correspond to what many people are searching for. My system is based on the interlinking of laws pertaining to design as well as to technique and color. Students should quickly be able to handle design as something which does in fact obey certain rules. I have a low opinion of sending the student off to go "searching" on his own.

My credo is therefore quite simple: design is not the privilege of a chosen few, it is in the main a logically learnable discipline. This seems to appeal to many professionals today. Quite clearly the number of people who consider design a product of chance, who therefore wish to work on the level of emotional response, is sinking...

Your repertoire is immense. Doesn't that pose a problem? How is one to recognize a work by Nicole von Boletzky?

Not so much by any outward characteristics as by uncompromising execution. I am and always will be a perfectionist and I seek the challenge of using color to its fullest potential within a particular formal structure.

My exhibits and books should be exciting voyages of discovery for the viewer. People expect a broad repertoire from me, and that doesn't bother me in the least. Quite the contrary: it would be a horror for me if I were forced in the name of recognizability to reduce my work to a very constricted creative space.

Met de opstart van en de leiding over een school voor bloemsierkunstenaars heeft u internationaal een erg goede naam verworven. Het bewijs daarvan zijn de lange wachtlijsten en de tentoonstellingen van afgestudeerde meesterbinders. Wat is het geheim van uw succes?

Waarschijnlijk het feit dat ik eerlijk en enthousiast de gedachten van anderen wil overbrengen. Ik heb een eigen methode ontwikkeld om beroepservaring en kennis over vormgeving over te dragen en dit op een manier zoals velen dat verlangen. Mijn systeem is gebaseerd op een combinatie van wetmatigheden in voorstelling, techniek en kleurgebruik. De leerlingen moeten erg vlug in staat zijn om met de creatie om te gaan als iets wat regels in zich draagt. Ik vind weinig heil in het 'laten zoeken' van leerlingen.

Mijn credo is dan ook erg duidelijk: 'Vormgeving is geen privilege van slechts enkelen, maar een omvattende discipline die je perfect kan aanleren. Deze idee lijkt vandaag de dag te beantwoorden aan de verwachtingen van veel beroepsmensen. Zij die vormgeving als een toevallig gegeven zien dat a.h.w. vanuit de onderbuik opwelt, worden steeds kleiner in aantal.

U hebt een bijzonder groot repertoire. Vormt dat geen probleem? Waaraan herkent men een compositie van Nicole von Boletzky?

Niet zozeer aan uiterlijke kenmerken, maar eerder aan de consequente manier waarop alles is uitgevoerd. Ik ben en blijf een perfectioniste en zoek de uitdaging op om in de combinatie van kleur met een bepaalde vormelijke structuur het hoogst mogelijke te bereiken.

Mijn tentoonstellingen en boeken moeten voor de toeschouwers spannende ontdekkingsreizen zijn. Men verwacht van mij een breed repertoire en dat stoort me helemaal niet. Ik zou het vreselijk vinden als ik me enkel op één welbepaalde manier zou mogen uitdrukken, enkel en alleen omwille van de herkenbaarheid.

Grappige ideetjes, is dat uw ding?

Ja, dat is een van mijn dada's. Maar wel één van de vele. Tot dergelijke speelsheid wil ik me echter niet beperken. Hoewel ik graag gekscheer met bloemen, kan ik dat niet op aanvraag. Voortdurend grappen en grollen zou trouwens vlug z'n effect verliezen. Af en toe lukt zoiets en blijkbaar stemt dat iedereen tevreden.

You like working with witty ideas, don't you?

Yes, that is one of my favorite disciplines. But it is one, one of many. I wouldn't want to reduce my work to these trivialities. Even if I do like to clown around with myself and a few flowers – you can't simply do that on demand. Constant joking would probably lose its charm fairly quickly. Every once in a while I manage, by a stroke of luck, to create a witty piece and everyone is pleased.

How would you describe floristry of good quality?

First of all you have to do justice to the "honor of the flower". I cut it off and tear it out of its natural surroundings and functions. From this results an obligation, if you will, to allow the flower to shine forth anew. You can achieve that with a lot of surrounding space, but also compactly, if the final shape is convincing and the flower feels good, so to speak. You can tell very quickly when you are insulting your flowers with amateurishness! They revenge themselves by losing all radiance and becoming exchangeable.

Doesn't good floristry have to be original and new time and again?

This factor is often overvalued. Design doesn't have to be constantly ultra-new. You have already achieved a lot if it is simply good. We often put originality in first place, and then the material has to pay the price. This does not mean that I condone the simple plagiarizing of good design. You should only adopt ideas if you can embellish them with new ideas or aspects.

Which materials and colors do you prefer in your designs?

I like all flowers that have a face and look at me. My favorite color is actually blue, but that doesn't mean that I transfer this preference to my floral work. Quite the contrary: for reasons of design, I even prefer violet, a color I find odious, to blue. Despite my antipathy toward violet, I have allied myself with it; no other color leaves its various shades at my disposal so ideally that I can equally effortlessly leap into orange and blue. Strange, isn't it?

What is your attitude towards tradition?

Einstein once said: Tradition first makes possible, only to ultimately prevent... I venerate what we have inherited and consider innovations absolutely necessary. Therefore I spend a lot of time exploring just this intersection in order to find the points of compatibility between tradition and innovation.

Wat verstaat u onder 'bloemsierkunst van goede kwaliteit'?

Eerst en vooral wil ik even eer betuigen aan de bloem zelf. Ik knip ze af en haal ze weg uit haar natuurlijke omgeving waar ze normaal functioneert. Bij mij ontstaat dan de drang om, zo men wil, de bloem op een 'nieuwe' manier te laten stralen. Dat gaat gepaard met veel vrije ruimte, maar het kan ook compact, zolang de uiteindelijke vorm maar overtuigt en de bloem zich, bij wijze van spreken, goed voelt in haar vel. Wie bloemen amateuristisch behandelt, beledigt ze en dat laat zich snel gevoelen! Bloemen nemen zelfs wraak door hun uitstraling te verliezen en *flat characters* te worden.

Moet goede bloemsierkunst niet origineel zijn en zich steeds weer vernieuwen?

Hieraan wordt vaak te veel waarde gehecht. Vormgeving hoeft niet per se supernieuw te zijn. Men staat al ver wanneer iets gewoon 'goed' is. Wij stellen originaliteit voorop, heel vaak ten koste van het product. Dat betekent evenwel niet dat ik plagiëren wil goedpraten of zo. Ideeën neem je het best enkel over wanneer de mogelijkheid bestaat om nieuwe ideeën of deelaspecten uit te werken.

Welke producten en kleuren dragen uw voorkeur weg?

Ik hou van alle bloemen die een eigen gezicht hebben en me aankijken. Qua kleur hou ik eigenlijk van blauw, wat evenwel niet wil zeggen dat ik die voorliefde laat spreken in mijn eigen werk. Integendeel: vanuit het standpunt van de vormgeving prefereer ik zelfs een kleur als violet die ik in zekere mate verafschuw. Ondanks mijn afstand tot die kleur heb ik met violet een zekere band geschapen; geen enkele andere kleur biedt me zo'n waaier aan schakeringen dat ik haast moeiteloos een zijsprong kan maken naar oranje of blauw... Vreemd, niet?

Hoe staat u tegenover de traditie?

Einstein zei ooit: 'De traditie biedt eerst mogelijkheden om ze daarna te verhinderen...' Ik heb een diep respect voor wat ons is overgeleverd en beschouw vernieuwing als een absolute noodzaak. Zelf spendeer ik veel tijd aan het aftasten van de grens tussen traditie en vernieuwing, vooral omdat ik wil nagaan op welke manier die twee elkaar aanvullen.

Wat is in dit boek uw lievelingswerk?

Er zijn er verschillende en telkens gaat het om werken die hun kracht in zich dragen en ondanks hun creatieve inhoud authentiek en spontaan ogen.

Which work in this book is your personal favorite?

There are several, and what they have in common is that they unfold within themselves, they seem authentic and relaxed despite their creative content.

Where do your ideas come from?

If only I knew...
But one thing I am quite certain of is that original ideas are both the most precious and the most transitory element that thinking can produce. Normally they occur unexpectedly and often disappear before we can recognize their significance. Having ideas is therefore always coupled with the ability to catch them before they are gone – very exciting, the whole thing!

Many people have long wanted to know the answer to this: do you stem from a family of florists or of gardeners?

My father was an engineer and was more interested in airplanes; my mother, as a teacher, was interested in letters. In other words I don't stem from a "green family" and among my relatives I am therefore, to put it botanically, something of an exotic plant.

Waar haalt u uw inspiratie?

Als ik dat maar eens wist...
Waar ik echter van overtuigd ben, is dat ideeën tegelijk het meest waardevolle en het vluchtigste product van het denken zijn. Ideeën komen altijd onverwachts en verdwijnen nog voor je de waarde ervan hebt ingeschat. Het hebben van ideeën is dan ook steeds gekoppeld aan het kunnen vangen van ideeën nog voor ze verdwenen zijn. Spannend is dat!

Wat velen altijd al hebben willen weten: komt u uit een familie van tuiniers of bloemsierkunstenaars?

Mijn vader had als ingenieur meer met vliegtuigen van doen, terwijl mijn moeder als lerares eerder met letters en woorden in de weer was. Mijn groene vingers zijn dus geen familiaal trekje. Onder collega's ben ik op dat vlak eerder een buitenbeentje.

A year with Nicole
Een jaar met Nicole

Spring
Frühjahr
Lente

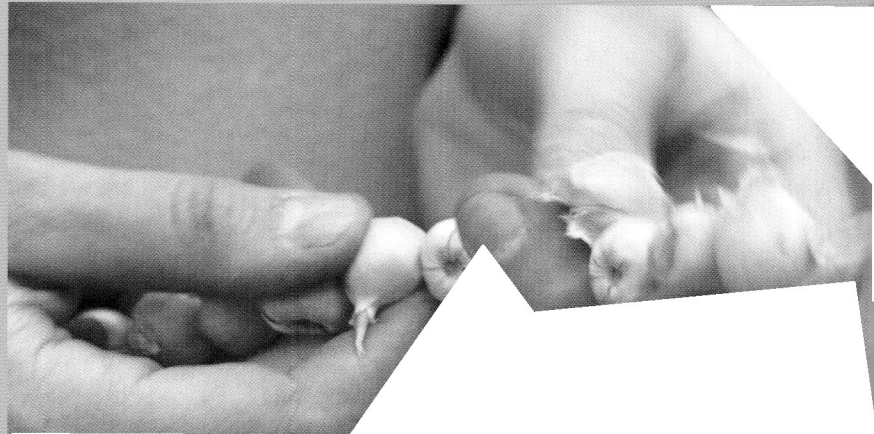

Spring often has something playful about it in your work. Why is that?

After all, it's somehow strange how things suddenly shoot up out of the ground when the year awakens. Boom, the heralds of spring appear, and in the most diverse, yet always fresh and unadulterated colors. The green of spring practically squeaks, and all in all this season produces a profusion of color. That is how spring is, and why shouldn't this prevailing mood be reflected in seasonal floral design?

It's striking how you enjoy working with small daffodils in spring...

Especially in January and February, I do in fact like to make use of the so-called tête-à-tête daffodil. The reason is once again the overall design. I lack lines... The first things that raise their heads from the earth in spring simply strive predominantly straight upward. Elements that swing out to the sides are rare, consequently there are only few things I can use to create points of intersection, or in other words plasticity. Daffodils that are crooked are therefore more than welcome. Besides, daffodils, whether miniature or not, represent the season like no other flower does.

De lente komt vaak op een speelse wijze tot uiting in uw werk. Wat is de reden daarvoor?

Het blijft merkwaardig hoe de dingen plots de kop opsteken wanneer in de natuur alles weer tot leven komt. Floeps, daar zijn de eerste boden van de lente al! En dat in de meest diverse, maar altijd onvervalste en frisse kleuren. Het lentegroen piept overal door en als je alle seizoenen overziet dan brengt de lente toch een echt bont allegaartje voort.

Het valt op hoe graag u in het voorjaar werkt met kleine narcissen...

In feite val ik vooral tijdens de maanden januari en februari terug op de 'tête à tête'-narcis. De reden hiervoor moet je vooral in de vormgeving zoeken: ik hou niet zo van lijnen... Het eerste wat letterlijk 'opduikt' in de lente heeft nu eenmaal een hang naar het opwaartse. Elementen die zijdelings gaan groeien zijn zeldzaam. Bijgevolg zijn er maar weinig zaken waarmee ik echt cross-over kan gaan, zeg maar plastisch werk. Krom gegroeide narcisjes vind ik dan weer heel dankbaar werkmateriaal. Trouwens: narcissen, of het nu paasklokjes zijn of niet, dragen de lente in zich zoals geen andere bloem dat kan.

Summer
Sommer
Zomer

Clearly you currently feel particularly drawn to spherical shapes...

There are difficult and less difficult shapes, and hardly any outline is more difficult to get right than the sphere. Deviations of a few millimeters are immediately visible and influence the quality of the form. This difficulty is a challenge that I have currently devoted myself to.

Reduced work is said to have been developed to a large degree by yourself. How did your colleagues react to this?

When I began working "with only one thing, but a lot of that" about fifteen years ago, it was not received with unanimous enthusiasm. But before too long it became clear to people in the profession that this very reduction did much greater justice to certain materials. And in respect to difficulty, it became clear that it, too, had to be redefined with this shift in design. It is important, therefore, to strictly separate the demands made of a reduced piece from the demands made of a work which is a structure built up of various parts.

Blijkbaar voelt u zich af en toe ook specifiek aangetrokken tot bolvormen...

Er zijn moeilijke en gemakkelijke vormen, maar bij geen enkele lijnvoering is het zo lastig om de perfectie te bereiken als bij een bol. Afwijkingen van nauwelijks een millimeter zijn met het blote oog al waar te nemen en beïnvloeden de kwaliteit van de vorm. Deze moeilijkheidsgraad is een uitdaging die ik nu voor mezelf ben aangegaan.

Er wordt gezegd dat 'gereduceerd werken' (keuze voor een beperkt aantal soorten materiaal) een idee van u is die zich op grote schaal heeft verspreid. Hoe reageerden uw collega's hierop?

Toen ik pakweg 15 jaar geleden koos om te werken met 'dat ene ding, maar dan veel van dat ene' was dat geen onverdeeld succes. Critici vonden het veel te eenvoudig. Al vlug echter raakte men binnen onze branche bewust van het feit dat net die reductie ervoor zorgde dat bepaalde materialen beter tot hun recht konden komen. En het werd ook duidelijk dat een herdefinitie van begrippen als 'vorm' en 'moeilijkheidsgraad' zich opdrong. De eisen van een gereduceerd werk moet je dus apart zien van de eisen van een werk dat is opgebouwd uit verschillende onderdelen.

Autumn
Herbst
Herfst

What does autumn have that the other seasons do not have?

It has one thing in particular: its unmistakable colors. No other season offers as many nuances of, for example, the hues of red. And not only that: beyond the innumerable nuances of color there is the very quality of the color. In autumn, every available color is obtainable in ever dimmer shades. You are offered color choices to the second power, so to speak. In that sense it is my task, my joy and a very special challenge to give my entire attention to this pallet of colors and to create the finest harmonies. To get the very most out of color is therefore one of my favorite autumn occupations.

Are only the colors different in autumn?

Oh no, the materials themselves have quite different qualities and allow for a very broad pallet of manipulations. The shoots, now long and heavy, can be brought to lean sideways, even to the point of seeming to fall. Only in autumn can you realize this so credibly. And then you have the various shapes of fruits and berries that make autumn so completely unique – not simply by their very existence, but also by the fact that they like to just lie there. This expands creative possibilities immensely; found, lying objects etc. complete the picture.

Wat heeft de herfst dat alle andere jaargetijden moeten ontberen?

De herfst heeft vooral dat ene bijzondere, namelijk zijn onmiskenbare kleuren. Niet één ander seizoen weet zo verfijnd nuances (bv. in het rood) aan te brengen als de herfst. En dat niet alleen: behalve de talrijke kleurnuances is hier zeker ook de kleurkwaliteit aan de orde. Elke in de herfst beschikbare kleur is bovendien terug te vinden in verschillende tinten. Een kleurselectie in het kwadraat dus. Daarom heb ik mij met plezier tot doel gesteld dit kleurenpalet alle aandacht te geven die het verdient, om zo de fijnste samenhang te bereiken. Zo veel mogelijk uit een kleur halen is één van die zaken die mij tijdens de herfst bezighouden.

Zijn het enkel de kleuren die het verschil maken in de herfst?

Neen, ook het materiaal draagt heel wat verschillende eigenschappen in zich en leent zich aardig tot andere werkwijzen. Lange, zwaar geworden scheuten bv. laten een zijdelings uithangen toe, zelfs in zoverre dat ze bijna dreigen af te vallen. Zoiets is alleen maar in de herfst op een geloofwaardige manier realiseerbaar. Of neem bijvoorbeeld de diverse soorten vruchten en bessen, enkel voor de herfst weggelegd: niet alleen hun aanwezigheid, maar ook het feit dat ze ervan houden om er gewoon te liggen. Zo worden de vormelijke mogelijkheden serieus uitgebreid: met verzameld of zomaar gevonden materiaal maak je een bepaald beeld compleet.

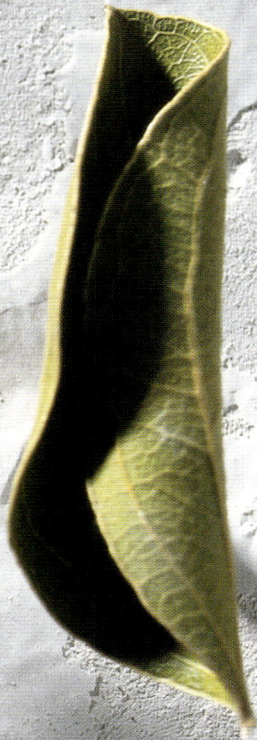

Winter
Winter
Winter

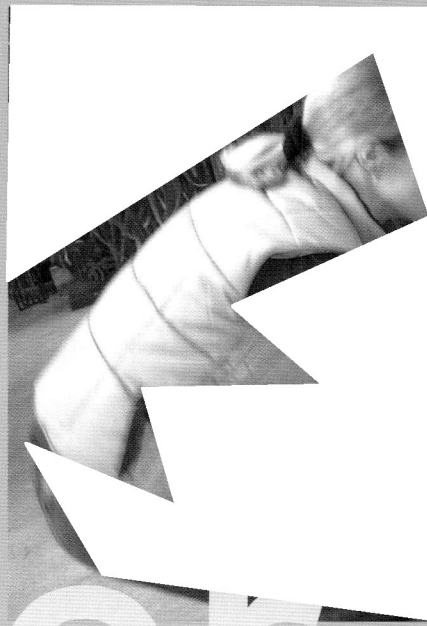

One color dominates your winter works – white. Why is that?

In my opinion it is not necessary to "artificially" warm winter up, to give it a bit of pep through color. Why shouldn't one be able to recognize winter in a winter work?

How do you achieve the visual lightness that is striking in some of these creations?

Speaking technically, I would have to say that from the beginning, I have before me an invisible shape, and I remain true to that shape until the work is complete. Within this given line, I have, thanks to this framework, an unlimited playing field which I can make use of. The result can be compact or light as a feather. In other words: at some point in the past I understood that I can only allow details to develop freely when I have an absolutely clearly defined and overruling formal intention. In the end this has to do with my gift to be able to see with the mind's eye. That was the technical answer. But visual lightness can also simply be the result of an honest fondness for the souls of flowers, for working with things that have grown, a work determined by real attention and respect.

Eén kleur domineert uw wintercreaties: wit. Waarom?

Ik vind het helemaal geen noodzaak om het winterse gevoel op een 'artistieke' manier op te warmen, met kleur op te peppen, zeg maar. Waarom zou men in een wintercreatie de winter niet mogen herkennen?

Op welke manier bereikt u de gevisualiseerde lichtheid die zo nadrukkelijk in enkele van uw werken aanwezig is?

Technisch gesproken kan ik je daarop het volgende antwoorden: van bij het begin zie ik een onzichtbare vorm voor me die ik tot op het eind trouw blijf. Binnen deze contouren heb ik een onbegrensd veld van mogelijkheden voor me liggen waar ik gretig gebruik van maak. En die kunnen zowel compact als vederlicht zijn. Met andere woorden: ergens in het verleden heb ik begrepen dat details alleen maar op een vrije manier kunnen werken wanneer de eindbedoeling helder gedefinieerd en formeel overduidelijk is. In feite heeft dit alles te maken met een goed voorstellingsvermogen. Dat is beroepstechnisch gezien mijn antwoord.
Visuele lichtheid kan evenwel ook het resultaat zijn van eerlijke liefde voor de ziel van bloemen, van het werken met zaken die groeien. En dit vol respect en achting.

Advent
Advent
Advent

What is the classic element of Advent that you cannot do without?

Of course the classic Advent wreath, a shape that has unfortunately been much abused in the past twenty years...

Abused?

Yes, abused! In the past years of formal renewal, in many instances every floral arrangement was "renovated" as though in a blind fury, and this often without any consideration for the origin, history and intention of the piece as such. Thank goodness we have now understood that there also exist time honored forms that allow for only slight modification. The Advent wreath is one such form.

From a florist's perspective, what do you find particularly important about Advent?

To indulge thoroughly in primary materials such as spruce, pine, apples, cones and to allow them to provide new inspiration. After all, these elements have an important function: they form the link between tradition and innovation. If such a bridge is lacking, all connections to traditional values are lost and consequently any message or mood as well.

Why do you use such fine material for both smaller and larger pieces?

Because it's exciting to find out how flexible an idea for a design really is. There are pieces which can be enlarged from the size of job case figures on up to room-sized installations without losing their compositional value. Others can't even "handle" a shift in size of five centimeters.

What is the story behind the crowns?

They too are a new form that I have derived from existing ones: the crowns of the three Magi. Despite all the hoopla about a trend toward the culture of the Far-East, I have kept away from Far-Eastern forms and trinkets. I see no reason to drape Far-Eastern symbols over a heathen and Christian holiday, especially since the events of 2001 would let this appear in a irreverent light. The Far-East as a theme seems to me artificial, but not the Orient as it appears in our Christmas story, even if the two are geographically identical.

Laten we het eens over de advent hebben: wat zijn voor u de klassiekers die in die periode niet kunnen ontbreken?

Uiteraard kan je niet om de adventskrans heen, een vorm die de laatste 20 jaar helaas wat in de vergeethoek is geraakt...

Ten onrechte?

Absoluut! In de periode van de grote vormvernieuwing werd elk bloemwerk op een haast blinde manier 'herschapen', zonder dat daarbij vaak werd omgekeken naar oorsprong, geschiedenis of bedoeling van het werk. Gelukkig is men vandaag tot het inzicht gekomen dat er ook vormen zijn die slechts een minimale correctie verdragen. Een adventskrans is daar een voorbeeld van.

Wat vindt u als bloemsierkunstenaar belangrijk in de adventsperiode?

Basismaterialen zoals dennenhout, grenenhout, appelen en kegels moet je koesteren en zelfs als inspiratiebron gebruiken. Al deze producten hebben namelijk een belangrijke functie: ze vormen de band tussen vernieuwing en traditie. Valt de lijm tussen deze weg, dan valt de hele constructie van overgeleverde waarden uiteen en tegelijk elke vorm van boodschap of sfeerschepping.

Waarom gebruikt u zowel voor grote als kleine creaties fijne materialen?

Omdat het spannend is te voelen hoe flexibel een idee wel is. Er zijn vormen die zich laten uitvergroten van, zeg maar een bloemenkistje tot een ruimtevullende installatie, en dit zonder dat het ontwerp zijn vormelijke waarde verliest. Andere creaties daarentegen verdragen geen 5 centimeter meer of minder.

Wat heeft u met kransen?

Ook bij kransen gaat het om een nogal nieuwe vorm, die ik afleid uit een bestaand gegeven: de kronen van de H.Driekoningen. Nochtans heb ik me steeds veraf gehouden van oriëntaalse vormen of andere snuisterijen. Ik vind dat het geen zin heeft om een heidens-christelijk feest op te luisteren met symbolen uit het Verre Oosten. Zeker nu niet, daar de gebeurtenissen in 2001 dergelijke keuze wel erg moeilijk verdedigbaar zouden maken. Het oriëntaalse als thema lijkt me bovendien ver gezocht, maar wat me wel geschikt lijkt, is het verband tussen het Oosten en het verhaal van Kerstmis, hoewel we hier geografisch gezien over hetzelfde praten.

Christmas Kerstmis
Weihnachten

Christmas and Nicole von Boletzky. In the floristry scene, that combination is well-known worldwide. Why is there so often something new by you for this holiday? In what way does this topic fascinate you?

I'm not really sure. At some point more than ten years ago I began to tackle this theme, and it hasn't let me go since. Probably it is to a large extent the fact that so very many almost rigid ideas and images are connected with Christmas, and that one has to take them into consideration without going down the beaten track. It is perhaps the degree of difficulty that challenges me anew every year.

Compared with other florists, you use hardly any exotic plants in your work. Why is that?

Because I love working with the most simple of materials. The high quality of a creation can only be augmented by the use of simple or obvious materials. In other words: if I can manage to be creatively convincing with potatoes or weeds, then I believe it proves that the content of the original idea was high.

In your floristry, the topic of Christmas is connected only very subtly to accessories, if at all...

In principal, things that have grown need no gewgaws at all. In most cases, I consider the presence of artificial things or of decorative elements as a depreciation of the composition, as an insult to the flower. But a certain level of glitter does belong to Christmas, and so you do find in my pieces certain artificial elements such as glass spheres, stars and such. These are always made of materials such as metal, glass, moss, wood, wax, bark, ceramic, papier-mache, which are as far as possible honest and not in themselves tacky. I also achieve a certain "degree of glitter" by leaf-gilding single elements. This is an additional way of increasing value through craft.

Inmiddels is de combinatie Kerstmis en Nicole von Boletzky wereldwijd een begrip geworden voor veel bloemsierkunstenaars. Hoe komt het dat er van u steeds iets nieuws te zien is bij dit feest? Wat vindt u zo fascinerend aan het thema Kerst?

Ik weet het niet zo goed. Op een bepaald moment, zo'n 10 jaar terug, ben ik erdoor gebeten geraakt en het heeft me tot op heden nooit meer losgelaten. Vermoedelijk is dat voor een groot deel te wijten aan het feit dat Kerstmis onlosmakelijk verbonden is met een aantal vaste, prototypische beelden. Het is een uitdaging voor mij om af te wijken van dat vooraf bepaalde, zonder de band te verliezen met de traditie.

In vergelijking met andere topfloristen gebruikt u bijzonder weinig exotische planten. Waarom?

Omdat ik verkies om met het meest eenvoudige materiaal te werken. De hoge kwaliteit van een creatie kan enkel nog verhoogd worden door middel van eenvoudig of gelijkaardig materiaal. Met andere woorden: als het me lukt met aardappelen en onkruid een overtuigende creatie te maken, dan geldt dit als bewijs voor het feit dat de oorspronkelijke idee zeer sterk was.

Het thema Kerstmis wordt in uw bloemsierkunst op een heel subtiele manier met accessoires in verband gebracht, als we dat tenminste al mogen stellen...

Wat groeit in de natuur heeft in wezen geen tierlantijnen nodig. Artistieke of decoratieve elementen ervaar ik in de meeste gevallen als een afbreuk aan de creatie, als een belediging aan het adres van de bloem. Een zekere mate van glans hoort niettemin wel bij het kerstfeest en daarom vind je in mijn composities 'onnatuurlijke' elementen als ballen, sterren en dergelijke meer. Deze zijn gemaakt uit metaal, glas, mos, hout, was, boomschors, keramiek en papier-maché: opnieuw heel eerlijke zaken die niets met het kitscherige van doen hebben. Een zekere mate van glans bereik ik ook door losse elementen met bladgoud te bedekken. Dit is een bijkomende mogelijkheid om met een eigen toets het niveau op te tillen.

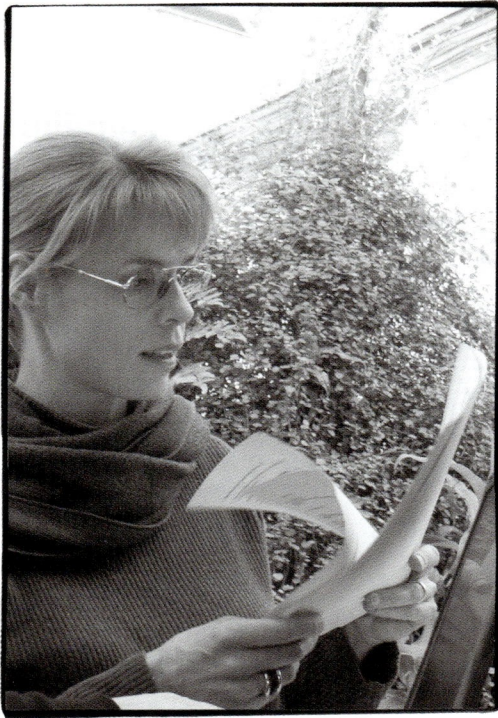

Composition of the works
Gebruikte materialen

Biography
Biografie

Professional training in Zurich
Examination for the title of master with special
commendation in Austria
Several years of training leading to diploma, Kyoka Ohara
School of Ikebana
Academy of Fine Arts, Salzburg (Austria)
Various additional courses and programs in design

Numerous prizes for special achievements at international
exhibits and competitions
Worldwide work as lecturer and contest judge
Development and artistic supervision of the Master School
for Florists in Innsbruck (Austria)
Founding and directing of the New Swiss School for Florists
Founding and directing of various schools of floristry,
among them in Moskow und Zurich (KNOW HOW
International School for Florists and Designers)

Author of numerous articles and highly successful books,
among them:

Dasein im Design – florales, Kromer Verlag, 1989
Objekte – floral und nonfloral, Appel Verlag, 1992
Objekte / Körper / Flächen, Kromer Verlag, 1992
Florever 1, Kromer Verlag, 1994
Meisterfloristen der Schweiz, Stichting Kunstboek, 1995
Florale Kunst in Deutschland, Stichting Kunstboek /
Naturbuch Verlag, 1997
Florever 2, Stichting Kunstboek, 1997
Christmas Flowers,
Stichting Kunstboek / Verlag Eugen Ulmer, 1998
Highlights for a green Christmas,
Stichting Kunstboek / Verlag Eugen Ulmer, 2000
Nicole von Boletzky, Master florist,
Stichting Kunstboek / Verlag Eugen Ulmer, 2002

Beroepsopleiding in Zürich
Titel van meesterbinder met onderscheiding in Oostenrijk
Jarenlang opleidingen aan de Kyoka Ohara School of Ikebana
en de Academie voor Schone Kunsten te Salzburg (Oostenrijk)
Diverse *master classes* en leeropleidingen in vormgeving

Tal van bijzondere prijzen tijdens internationale tentoon-
stellingen en wedstrijden.
Wereldwijd werkzaam als docente en als jurylid bij wedstrijden
Uitbouw en artistieke leiding van de *Florist-Meisterschule*
in Innsbruck (Oostenrijk)
Oprichting van en leiding over de *Neue Schweizer
Floristenfachschule*
Oprichting van en leiding over verschillende scholen voor
bloemsierkunstenaars, onder andere in Moskou en Zürich
(KNOW HOW Internationale Schule für Floristen und Formgeber)

Auteur van tal van artikels en succesvolle publicaties,
waaronder:

Dasein im Design – florales, Kromer Verlag, 1989
Objekte – floral und nonfloral, Appel Verlag, 1992
Objekte / Körper / Flächen, Kromer Verlag, 1992
Florever 1, Kromer Verlag, 1994
Meisterfloristen der Schweiz, Stichting Kunstboek, 1995
Florale Kunst in Deutschland,
Stichting Kunstboek / Naturbuch Verlag, 1997
Florever 2, Stichting Kunstboek, 1997
Christmas Flowers,
Stichting Kunstboek / Verlag Eugen Ulmer, 1998
Highlights for a green Christmas,
Stichting Kunstboek / Verlag Eugen Ulmer, 2000
Nicole von Boletzky, Master florist,
Stichting Kunstboek / Verlag Eugen Ulmer, 2002

Colophon / Colofon

Author / Auteur
Nicole von Boletzky
KNOW HOW Internationale Schule für Floristen und Formgeber
Im Wintergarten / Allmendstrasse 13
CH-8102 Oberengstringen / Schweiz
Tel.: (**41) (0)1 752 21 82
Fax: (**41) (0)1 752 21 86
E-mail: floristenschule@bluewin.ch
Internet: www.knowhow.ch

Assistance / Assistentie
Edith Abegglen, Mariko Achiwa, Edith Brändli, Nelly Debatin,
Marylou Keller, Evelyn Kühr, Andreas Lanzinger, Dominique & Larissa Lehnherr,
Claudia Martin, Regula Meier-Faust, Daniela Morscher, Tanja Neumann,
Susi Oberhammer, Julia Perreten, Hansjörg Pichler, Erna Rutz,
Jean & Marie Roth, Ursula Ryser, Els Smeets, Tienne Staeheli,
Sabine Stoecklin, Rebecca Zenhäusern, Regula Zwahlen

Texts / Teksten
Maja Spaltenstein, Zürich (CH)
Nicole von Boletzky, Oberengstringen (CH)
Marianne Fuchs, Zell (CH): Botanical names / Botanische namen

Final editing / Eindredactie
Karel Puype, Oostkamp (B)

Translations / Vertalingen
Philippe Degryse, Oostkamp (B)
Margitt Lehbert, Berlin (D)

Photography / Fotografie
Bart Van Leuven, Gent (B)
Bernhard Kägi, Muri 5630 (CH): p. 21, 28, 29,
62-63, 68-69, 71, 75, 76-77, 80, 82-83, 86, 100-101

Material / Materiaal
Zürcher Blumenmarkt AG, Oberengstringen (CH)
ARTE Kerzen GmbH, Mainhardt (D)
Smithers Oasis GmbH, Grünstatt (D)
Alfauna AG, Mohlin (CH)
LIVEPLANT / Vollmar, Farnern (CH)

Layout & Colour separations / Lay-out & Fotogravure
Graphic Group Van Damme, Oostkamp (B)

Printed by / Gedrukt door
Graphic Group Van Damme, Oostkamp (B)

Binding / Bindwerk
Delabie & Co bvba, Kortrijk (B)

Published by / Een uitgave van
Stichting Kunstboek bvba
Legeweg 165
B-8020 Oostkamp
Tel.: (**32) (0)50 46 19 10
Fax: (**32) (0)50 46 19 18
E-mail: stichting_kunstboek@ggvd.com
Internet: www.stichtingkunstboek.com

ISBN: 90-5856-079-1
D/2002/6407/23
NUR: 421

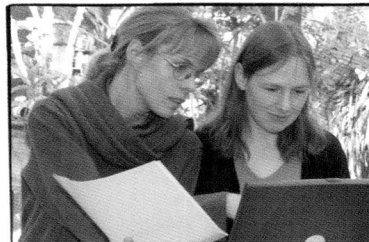

Part of the works have been photographed in the beautiful showrooms of
MARTIN ANTHONY / Wohnaccessoires, Unterengstringen, Switzerland.
Een aantal creaties werden gefotografeerd in de schitterende tentoonstellingsruimtes
van MARTIN ANTHONY / Wohnaccessoires, Unterengstringen, Zwitserland.